*Das 3. Geschichtsbuch
aus dem Alten Testament der Bibel*

Das Buch Ruth

*Von einer heimatlosen Ausländerin,
die zur Stammmutter des Messias wurde
und der Erlösung, die zur Ruhe führt*

*Übersetzung nach
Martin Luther 1545*

Bibliografische Information der Deutschen Nationalbibliothek:
Die Deutsche Nationalbibliothek verzeichnet diese Publikation in der Deutschen Nationalbibliografie; detaillierte bibliografische Daten sind im Internet über http://dnb.dnb.de abrufbar.

TWENTYSIX
Eine Marke der Books on Demand GmbH

Herstellung und Verlag:
BoD – Books on Demand, Norderstedt

ISBN: 978-3-740-77067-9

Übersetzung: **Martin Luther 1545**

Layout, Schriftsatz, Formatierung:
Antonia Katharina Tessnow
www.antonia-katharina.de

1. Kapitel

Ruth reist mit Naemi nach Bethlehem.

1 Zu der Zeit, da die Richter regierten, ward eine Teuerung im Lande. Und ein Mann von Bethlehem-Juda zog wallen in der Moabiter Land mit seinem Weibe und seinen zwei Söhnen.

2 Der hieß Elimelech und sein Weib Naemi und seine zwei Söhne Mahlon und Chiljon; die waren Ephrather von Bethlehem-Juda. Und da sie kamen ins Land der Moabiter, blieben sie daselbst.

3 Und Elimelech, der Naemi Mann, starb, und sie blieb übrig mit ihren zwei Söhnen.

4 Die nahmen moabitische Weiber; eine hieß Orpa, die andere Ruth. Und da sie daselbst gewohnt hatten ungefähr zehn Jahre,

5 starben sie alle beide, Mahlon und Chiljon, daß das Weib überlebte beide Söhne und ihren Mann.

6 Da machte sie sich auf mit ihren zwei

Schwiegertöchtern und zog wieder aus der Moabiter Lande; denn sie hatte erfahren im Moabiterlande, daß der HERR sein Volk hatte heimgesucht und ihnen Brot gegeben.

7 Und sie ging aus von dem Ort, da sie gewesen war, und ihre beiden Schwiegertöchter mit ihr. Und da sie ging auf dem Wege, daß sie wiederkäme ins Land Juda,

8 sprach sie zu ihren beiden Schwiegertöchtern: Geht hin und kehrt um, eine jegliche zu ihrer Mutter Haus. Der HERR tue an euch Barmherzigkeit, wie ihr an den Toten und mir getan habt!

9 Der HERR gebe euch, daß ihr Ruhe findet, eine jegliche in ihres Mannes Hause! Und küßte sie. Da hoben sie ihre Stimmen auf und weinten

10 und sprachen zu ihr: Wir wollen mit dir zu deinem Volk gehen.

11 Aber Naemi sprach: Kehrt um, meine Töchter! warum wollt ihr mit mir gehen? Wie kann ich fürder Kinder in meinem Leibe haben, die eure Männer sein könnten?

12 Kehrt um, meine Töchter, und geht

hin! denn ich bin nun zu alt, daß ich einen Mann nehme. Und wenn ich spräche: Es ist zu hoffen, daß ich diese Nacht einen Mann nehme und Kinder gebäre,

13 wie könntet ihr doch harren, bis sie groß würden? wie wolltet ihr verziehen, daß ihr nicht Männer solltet nehmen? Nicht, meine Töchter! denn mich jammert euer sehr; denn des HERRN Hand ist über mich ausgegangen.

14 Da hoben sie ihre Stimme auf und weinten noch mehr. Und Opra küßte ihre Schwiegermutter; Ruth aber blieb bei ihr.

15 Sie aber sprach: Siehe, deine Schwägerin ist umgewandt zu ihrem Volk und zu ihrem Gott; kehre auch du um, deiner Schwägerin nach.

16 Ruth antwortete: Rede mir nicht ein, daß ich dich verlassen sollte und von dir umkehren. Wo du hin gehst, da will ich auch hin gehen; wo du bleibst, da bleibe ich auch. Dein Volk ist mein Volk, und dein Gott ist mein Gott.

17 Wo du stirbst, da sterbe ich auch, da will ich auch begraben werden. Der HERR tue mir dies und das, der Tod muß mich und dich scheiden.

18 Als sie nun sah, daß sie fest im Sinn war, mit ihr zu gehen, ließ sie ab, mit ihr davon zu reden.

19 Also gingen die beiden miteinander, bis sie gen Bethlehem kamen. Und da sie nach Bethlehem hineinkamen, regte sich die ganze Stadt über ihnen und sprach: Ist das die Naemi?

20 Sie aber sprach: Heißt mich nicht Naemi, sondern Mara; denn der Allmächtige hat mich sehr betrübt.

21 Voll zog ich aus, aber leer hat mich der HERR wieder heimgebracht. Warum heißt ihr mich denn Naemi, so mich doch der HERR gedemütigt und der Allmächtige betrübt hat?

22 Es war aber um die Zeit, daß die Gerstenernte anging, da Naemi mit ihrer Schwiegertochter Ruth, der Moabitin, wiederkam vom Moabiterlande gen Bethlehem.

2. Kapitel

*Ruth liest Ähren auf des Boas Feld
und findet Gnade vor ihm.*

1 Es war auch ein Mann, ein Verwandter des Mannes der Naemi, von dem Geschlecht Elimelechs, mit Namen Boas; der war ein wohlhabender Mann.

2 Und Ruth, die Moabitin, sprach zu Naemi: Laß mich aufs Feld gehen und Ähren auflesen dem nach, vor dem ich Gnade finde. Sie aber sprach zu ihr: Gehe hin, meine Tochter.

3 Sie ging hin, kam und las auf, den Schnittern nach, auf dem Felde. Und es begab sich eben, daß dasselbe Feld war des Boas, der von dem Geschlecht Elimelechs war.

4 Und siehe, Boas kam eben von Bethlehem und sprach zu den Schnittern: Der HERR mit euch! Sie antworteten: Der HERR segne dich!

5 Und Boas sprach zu seinem Knechte, der über die Schnitter gestellt war: Wes ist die Dirne?

6 Der Knecht, der über die Schnitter

gestellt war, antwortete und sprach: Es ist die Dirne, die Moabitin, die mit Naemi wiedergekommen ist von der Moabiter Lande.

7 Denn sie sprach: Laßt mich doch auflesen und sammeln unter den Garben, den Schnittern nach; und ist also gekommen und dagestanden vom Morgen an bis her und bleibt wenig daheim.

8 Da sprach Boas zu Ruth: Hörst du es, meine Tochter? Du sollst nicht gehen auf einen andern Acker, aufzulesen, und gehe auch nicht von hinnen, sondern halte dich zu meinen Dirnen.

9 Und siehe, wo sie schneiden im Felde, da gehe ihnen nach. Ich habe meinen Knechten geboten, daß dich niemand antaste. Und so dich dürstet, so gehe hin zu dem Gefäß und trinke von dem, was meine Knechte schöpfen.

10 Da fiel sie auf ihr Angesicht und beugte sich nieder zur Erde und sprach zu ihm: Womit habe ich die Gnade gefunden vor deinen Augen, daß du mich ansiehst, die ich doch fremd bin?

11 Boas antwortete und sprach zu ihr: Es

ist mir angesagt alles, was du hast getan an deiner Schwiegermutter nach deines Mannes Tod: daß du verlassen hast deinen Vater und deine Mutter und dein Vaterland und bist zu meinem Volk gezogen, das du zuvor nicht kanntest.

12 Der HERR vergelte dir deine Tat, und dein Lohn müsse vollkommen sein bei dem HERRN, dem Gott Israels, zu welchem du gekommen bist, daß du unter seinen Flügeln Zuversicht hättest.

13 Sie sprach: Laß mich Gnade vor deinen Augen finden, mein Herr; denn du hast mich getröstet und deine Magd freundlich angesprochen, so ich doch nicht bin wie deiner Mägde eine.

14 Boas sprach zu ihr, da Essenszeit war: Mache dich hier herzu und iß vom Brot und tauche deinen Bissen in den Essig. Und sie setzte sich zur Seite der Schnitter. Er aber legte ihr geröstete Körner vor, und sie aß und ward satt und ließ übrig.

15 Und da sie sich aufmachte, zu lesen, gebot Boas seinen Knechten und sprach: Laßt sie auch zwischen den Garben lesen und beschämt sie nicht;

16 Auch von den Haufen laßt

übrigbleiben und laßt liegen, daß sie es auflese, und niemand schelte sie darum.

17 Also las sie auf dem Felde bis zum Abend und schlug's aus, was sie aufgelesen hatte; und es war bei einem Epha Gerste.

18 Und sie hob's auf und kam in die Stadt; und ihre Schwiegermutter sah es, was sie gelesen hatte. Da zog sie hervor und gab ihr, was übriggeblieben war, davon sie satt war geworden.

19 Da sprach ihre Schwiegermutter zu ihr: Wo hast du heute gelesen, und wo hast du gearbeitet? Gesegnet sei, der dich angesehen hat! Sie aber sagte es ihrer Schwiegermutter, bei wem sie gearbeitet hätte, und sprach: Der Mann, bei dem ich heute gearbeitet habe, heißt Boas.

20 Naemi aber sprach zu ihrer Schwiegertochter: Gesegnet sei er dem HERRN! denn er hat seine Barmherzigkeit nicht gelassen an den Lebendigen und an den Toten. Und Naemi sprach zu ihr: Der Mann gehört zu uns und ist unser Erbe.

21 Ruth, die Moabitin, sprach: Er sprach auch das zu mir: Du sollst dich zu meinen

Leuten halten, bis sie mir alles eingeerntet haben.

22 Naemi sprach zu Ruth, ihrer Schwiegertochter: Es ist gut, meine Tochter, daß du mit seinen Dirnen ausgehst, auf daß nicht jemand dir dreinrede auf einem andern Acker.

23 Also hielt sie sich zu den Dirnen des Boas, daß sie las, bis daß die Gerstenernte und Weizenernte aus war; und kam wieder zu ihrer Schwiegermutter.

3. Kapitel

Ruth befolgt Naemis Rat.

1 Und Naemi, ihre Schwiegermutter, sprach zu ihr: Meine Tochter, ich will dir Ruhe schaffen, daß dir's wohl gehe.

2 Nun, der Boas, unser Verwandter, bei des Dirnen du gewesen bist, worfelt diese Nacht Gerste auf seiner Tenne.

3 So bade dich und salbe dich und lege dein Kleid an und gehe hinab auf die Tenne; gib dich dem Manne nicht zu

erkennen, bis er ganz gegessen und getrunken hat.

4 Wenn er sich dann legt, so merke den Ort, da er sich hin legt, und komm und decke auf zu seinen Füßen und lege dich, so wird er dir wohl sagen, was du tun sollst.

5 Sie sprach zu ihr: Alles, was du mir sagst, will ich tun.

6 Sie ging hinab zur Tenne und tat alles, wie ihre Schwiegermutter geboten hatte.

7 Und da Boas gegessen und getrunken hatte, ward sein Herz guter Dinge, und er kam und legte sich hinter einen Kornhaufen; und sie kam leise und deckte auf zu seinen Füßen und legte sich.

8 Da es nun Mitternacht ward, erschrak der Mann und beugte sich vor; und siehe, ein Weib lag zu seinen Füßen.

9 Und er sprach: Wer bist du? Sie antwortete: Ich bin Ruth, deine Magd. Breite deine Decke über deine Magd; denn du bist der Erbe.

10 Er aber sprach: Gesegnet seist du dem HERRN, meine Tochter! Du hast deine Liebe hernach besser gezeigt denn zuvor, daß du bist nicht den Jünglingen

nachgegangen, weder reich noch arm.

11 Nun, meine Tochter, fürchte dich nicht. Alles was du sagst, will ich dir tun; denn die ganze Stadt meines Volkes weiß, daß du ein tugendsam Weib bist.

12 Nun, es ist wahr, daß ich der Erbe bin; aber es ist einer näher denn ich.

13 Bleibe über Nacht. Morgen, so er dich nimmt, wohl; gelüstet's ihn aber nicht, dich zu nehmen, so will ich dich nehmen, so wahr der HERR lebt. Schlaf bis zum Morgen.

14 Und sie schlief bis zum Morgen zu seinen Füßen. Und sie stand auf, ehe denn einer den andern erkennen konnte; und er gedachte, daß nur niemand innewerde, daß das Weib in die Tenne gekommen sei.

15 Und sprach: Lange her den Mantel, den du anhast, und halt ihn. Und sie hielt ihn. Und er maß sechs Maß Gerste und legte es auf sie. Und er kam in die Stadt.

16 Sie aber kam zu ihrer Schwiegermutter; die sprach: Wie steht's mit dir, meine Tochter? Und sie sagte ihr alles, was ihr der Mann getan hatte,

17 und sprach: Diese sechs Maß Gerste

gab er mir; denn er sprach: Du sollst nicht leer zu deiner Schwiegermutter kommen.

18 Sie aber sprach: Sei still, meine Tochter, bis du erfährst, wo es hinaus will; denn der Mann wird nicht ruhen, er bringe es denn heute zu Ende.

4. Kapitel

Des Boas Heirat mit Ruth wird vollzogen und gesegnet. Geschlechtsregister Davids.

1 Boas ging hinauf ins Tor und setzte sich daselbst. Und siehe, da der Erbe vorüberging, von welchem er geredet hatte, sprach Boas: Komm und setze dich hierher! Und er kam und setzte sich.

2 Und er nahm zehn Männer von den Ältesten der Stadt und sprach: Setzt euch her! Und sie setzten sich.

3 Da sprach er zu dem Erben: Naemi, die vom Lande der Moabiter wiedergekommen ist, bietet feil das Stück Feld, das unsers Bruders war, Elimelechs.

4 Darum gedachte ich's vor deine Ohren zu bringen und zu sagen: Willst du es

beerben, so kaufe es vor den Bürgern und vor den Ältesten meines Volkes; willst du es aber nicht beerben, so sage mir's, daß ich's wisse. Denn es ist kein Erbe außer dir und ich nach dir. Er sprach: Ich will's beerben.

5 Boas sprach: Welches Tages du das Feld kaufst von der Hand Naemis, so mußt du auch Ruth, die Moabitin, des Verstorbenen Weib, nehmen, daß du dem Verstorbenen einen Namen erweckst auf seinem Erbteil.

6 Da sprach er: Ich vermag es nicht zu beerben, daß ich nicht vielleicht mein Erbteil verderbe. Beerbe du, was ich beerben soll; denn ich vermag es nicht zu beerben.

7 Und es war von alters her eine solche Gewohnheit in Israel: wenn einer ein Gut nicht beerben noch erkaufen wollte, auf daß eine Sache bestätigt würde, so zog er seinen Schuh aus und gab ihn dem andern; das war das Zeugnis in Israel.

8 Und der Erbe sprach zu Boas: Kaufe du es! und zog seinen Schuh aus.

9 Und Boas sprach zu den Ältesten und zu allem Volk: Ihr seid heute Zeugen, daß

ich alles gekauft habe, was dem Elimelech, und alles, was Chiljon und Mahlon gehört hat, von der Hand Naemis;

10 dazu auch Ruth, die Moabitin, Mahlons Weib, habe ich mir erworben zum Weibe, daß ich dem Verstorbenen einen Namen erwecke auf sein Erbteil und sein Name nicht ausgerottet werde unter seinen Brüdern und aus dem Tor seines Orts; Zeugen seid ihr des heute.

11 Und alles Volk, das im Tor war, samt den Ältesten sprachen: Wir sind Zeugen. Der HERR mache das Weib, das in dein Haus kommt, wie Rahel und Leah, die beide das Haus Israels gebaut haben; und wachse sehr in Ephratha und werde gepriesen zu Bethlehem.

12 Und dein Haus werde wie das Haus des Perez, den Thamar dem Juda gebar, von dem Samen, den dir der HERR geben wird von dieser Dirne.

13 Also nahm Boas die Ruth, daß sie sein Weib ward. Und da er zu ihr einging, gab ihr der HERR, daß sie schwanger ward und gebar einen Sohn.

14 Da sprachen die Weiber zu Naemi: Gelobt sei der HERR, der dir nicht hat

lassen abgehen einen Erben zu dieser Zeit, daß sein Name in Israel bliebe.

15 Der wir dich erquicken und dein Alter versorgen. Denn deine Schwiegertochter, die dich geliebt hat, hat ihn geboren, welche dir besser ist als sieben Söhne.

16 Und Naemi nahm das Kind und legte es auf ihren Schoß und ward seine Wärterin.

17 Und ihre Nachbarinnen gaben ihm einen Namen und sprachen: Naemi ist ein Kind geboren; und hießen ihn Obed. Der ist der Vater Isais, welcher ist Davids Vater.

18 Dies ist das Geschlecht des Perez: Perez zeugte Hezron;

19 Hezron zeugte Ram; Ram zeugte Amminadab;

20 Amminadab zeugte Nahesson; Nahesson zeugte Salma;

21 Salma zeugte Boas; Boas zeugte Obed;

22 Obed zeugte Isai; Isai zeugte David.